ESTAGIÁRIO NOTA 10

MAURA MEI

ESTAGIÁRIO NOTA 10

EDITORA
Labrador

Copyright © 2020 de Maura Mei
Todos os direitos desta edição reservados à Editora Labrador.

Coordenação editorial
Erika Nakahata

Preparação de texto
Leonardo Dantas do Carmo

Projeto gráfico, capa e diagramação
Felipe Rosa

Revisão
Fausto Barreira Filho
Tamires Ciani von Atzingen

Assistência editorial
Gabriela Castro

Imagens de capa
Freepik.com

Dados Internacionais de Catalogação na Publicação (CIP)
Angélica Ilacqua – CRB-8/7057

Mei, Maura
  Estagiário nota 10 / Maura Mei. – São Paulo : Labrador, 2020.
  64 p.

ISBN: 978-65-5625-004-5

1. Estagiários 2. Estagiários – Orientação profissional 3. Jovens – Formação profissional I. Título

20-1616   CDD 658.3124

Índice para catálogo sistemático:
  1. Estagiários – Orientação profissional

EDITORA Labrador

Editora Labrador
Diretor editorial: Daniel Pinsky
Rua Dr. José Elias, 520 – Alto da Lapa
05083-030 – São Paulo – SP
+55 (11) 3641-7446
contato@editoralabrador.com.br
www.editoralabrador.com.br
facebook.com/editoralabrador
instagram.com/editoralabrador

A reprodução de qualquer parte desta obra é ilegal e configura uma apropriação indevida dos direitos intelectuais e patrimoniais da autora.

A editora não é responsável pelo conteúdo deste livro.
A autora conhece os fatos narrados, pelos quais é responsável, assim como se responsabiliza pelos juízos emitidos.

*Para Yvone, minha mãe. Meus irmãos,
Fábio e Cintia, e Aramis, meu cunhado.*

*Para Guilherme, Nicole e Manuela como
incentivo para que, de alguma forma, contribuam
na construção de uma sociedade melhor.*

*Aos estagiários de todo lugar, razão deste livro.
Para que tenham o devido reconhecimento
empresarial da força propulsora que são.*

*A Fabrício Anselmo, meu amor, meu par.
Inspiração constante para as letras e a Vida.*

SUMÁRIO

Prefácio 9

Parte I — O que a empresa espera de você? 11

Parte II — O que fazer para crescer mais? 35

O xis da questão 59

Inspiração na mídia 61

PREFÁCIO

Nas páginas de *Estagiário nota 10*, Maura Mei buscou percorrer todos os aspectos necessários para formação de futuros bons profissionais. Abordou a necessidade da observação de regras de convivência no ambiente corporativo, assim como as regras de traquejo social, necessárias para conviver em qualquer ambiente. Desse modo, o estagiário poderá utilizar-se de suas palavras para crescer pessoal e profissionalmente.

O leitor observará a busca em atender e orientar não somente os estagiários, como também aqueles que os acompanham nesta tão importante atividade no mundo profissional, percebendo que, para a formação integral de um estagiário nota 10, requer-se a presença de um líder do mesmo naipe.

Ao entrar no mercado de trabalho, o estagiário deixará de ser apenas o aluno, o filho e, por vezes, o indivíduo sem compromissos, para assumir atribuições e posturas que determinarão sua carreira. Ser alertado de forma tão clara sobre o que pode lhe ser útil observar e sobre como agir é tão ou mais relevante do que aprender o aspecto técnico de uma tarefa.

O mercado requer experiência, e os estágios a oferecem; no entanto, não é fácil saber o quanto se está de fato aprendendo e aproveitando da experiência. Por isso, em cada capítulo, Maura alerta sobre a observação de detalhes, tais como: a cordialidade diária, o cumprimento de regras, a clareza das comunicações explícita e implícita e a revelação da personalidade por meio da boa vontade para com os colegas. Ressalta, ainda, as tarefas, por vezes simples, mas que compõem a totalidade do que é necessário para que as empresas e as instituições funcionem adequadamente.

Por fim, quais características positivas são de fato importantes para o desenvolvimento do estagiário ao longo desse período? É importante saber usar o humor, a ética, a proatividade, mas em quais momentos mostrar seus conhecimentos e em quais simplesmente ouvir? Ser um bom comunicador é tão relevante quanto ser um bom ouvinte. Você descobrirá, nestas páginas, o quanto a forma como você trabalha revela sobre a sua personalidade e o profissional que está se tornando, o qual deixará a sua marca. E que, ao bem relacionar-se, estará construindo, também, a continuidade de sua carreira e de sua vida pessoal.

Valéria Silva Moreira
Advogada, pedagoga e psicopedagoga com MBA em Gestão Empresarial e de Negócios e MBA em Gestão Educacional pela Universidade de São Paulo. Dá palestras e aulas em cursos técnicos e superiores nas disciplinas de Desenvolvimento de Carreiras, Gestão Empresarial e de Pessoas, entre outras. Atuou ainda como coordenadora e diretora de colégios da rede particular de São José dos Campos (SP) e, atualmente, é orientadora educacional no Colégio Poliedro da mesma cidade.

PARTE I

O QUE A EMPRESA ESPERA DE VOCÊ?

Ame seu trabalho. Mahatma Gandhi disse que "ninguém pode ser bem-sucedido a menos que ame seu trabalho". Muitos jovens têm dúvidas com relação à escolha de sua carreira profissional, em virtude de não saberem se optam pela profissão de que mais gostam ou por aquela que remunera melhor. Quando há possibilidade de encontrar as duas vantagens logo na primeira escolha, pode-se dizer que há um casamento perfeito. Mas, em termos assertivos, a opção ideal é a que busca satisfação em exercer profissionalmente um ofício que traga prazer, realização, contentamento.

Quando o trabalho é agradável, ainda que você tenha de realizar um ou outro ato correcional, como advertir, demitir ou corrigir alguém, certamente o fará por dever, mas com toda a cautela e bom senso necessários. No caso em que a própria tarefa é estafante, enfadonha, você deve ter em mente que ela é apenas momentânea, transitória, muito breve. Isso o ajudará a vencer o tédio e a encarar o ato como um desafio, um combate a ser travado consigo mesmo, como numa batalha, num concurso em que não vale fazer as coisas de qualquer jeito.

O amor pelo trabalho perpassa o coração, os músculos, os tecidos, a pele, chega à alma e contagia as pessoas ao nosso redor. É como a fé para os religiosos, a crença em Deus que é ensinada aos filhos e que eles passam a adquirir pelas convicções dadas a eles, pela segurança demonstrada no que de fato se acredita. O amor pelo trabalho é, incrivelmente, contagiante.

Trabalho não é castigo; é dádiva, é servir. Mais do que uma simples fonte de recurso financeiro, o trabalho permite a inserção em grupos sociais diversos, amplia os conhecimentos, estimula a concorrência saudável e mantém ativo o cérebro. Na canção "Um homem também chora (Guerreiro menino)", Gonzaguinha perpetuou a seguinte frase: "O homem se humilha se castram seu sonho. Seu sonho é sua vida, e vida é trabalho. E sem o seu trabalho o homem não tem honra. E sem a sua honra se morre, se mata". Portanto, pela sua honra, trabalhe com amor.

Aceite as regras. Em geral, todo ambiente de trabalho reúne muitas pessoas e, por essa razão, é fundamental que normas sejam estabelecidas para regrar comportamentos, horários, funções e subordinações. Você, certamente, gostaria de trabalhar livremente, de escolher as prioridades das tarefas e o tempo necessário para a sua execução. A pressão que se sofre ao ser cobrado, geralmente, é inaceitável. Mas, se cada funcionário tiver liberdade para atuar nos prazos, nos formatos, nos temas, na escolha de a quem se dirigir, é óbvio que haverá um caos. A maioria deixará o relatório para depois; não haverá dedicação; optará sempre pelo tema mais fácil e o encaminhará para o chefe mais condescendente, a fim de obter a devida aprovação. Às vezes, viver sem regras parece ser o ideal, mas não é.

As regras ajudam as pessoas a terem sucesso, riqueza. São elas que permitem a prática da cortesia, do respeito, da amizade, do reconhecimento do talento, da correção das falhas, com humanidade, e da prosperidade. Onde há regra, há também a hierarquia. E, apesar de as pessoas não gostarem muito dela, um ambiente de trabalho nunca será realmente bom se não houver alguém que faça com que os comportamentos sejam eficazes, permitindo harmonização e boa produtividade.

Um dos pontos a se destacar com relação à hierarquia é que tal forma de convívio pode ser observada, inclusive, no mundo animal — em que pese considerar que por não haver inteligência, o que predomina nesse ambiente é a jovialidade, a força e a astúcia. Essa prática, embora irracional, ainda assim permite perpetuação da espécie, constante busca por comida e sobrevivência dos predadores.

Uma das fontes de conflitos no trabalho está na não aceitação da condição de subordinado, e essa característica de insubordinação, não raro, é a grande fomentadora dos conflitos. O insubordinado quase sempre é maledicente e incita os colegas contra seu chefe imediato. Este identifica o foco do problema e acaba por demitir o funcionário rebelde. Cuidado, portanto, com as contestações.

Busque o melhor resultado. Nenhum trabalho é pequeno ou simples demais para não ser valorizado. A execução de qualquer tarefa, ainda que seja para digitalizar um documento, se acompanhada de uma postura respeitosa e gentil, fará você se destacar dentre os outros funcionários. Não é necessariamente o tipo de função que executa que fará você ser visto, mas como você a faz. Executar seu trabalho de forma eficiente, rápida e amável desperta nas pessoas à sua volta um olhar mais atento a você e às suas potencialidades.

Para chegar ao topo, é imprescindível começar pelo primeiro degrau. Não há justificativa para não fazer o melhor que pudermos, mesmo que a tarefa pareça sem importância — até porque, se alguém depende disso, é porque ela é importante. É bem possível que o reconhecimento profissional só ocorra quando você demonstrar realmente suas habilidades, sua criatividade, sua iniciativa. E se tudo for feito com *makoto* (palavra japonesa para sinceridade e verdade interior), com zelo, dedicação, entusiasmo, técnica e amor, então, prestígio, reconhecimento, valorização, mérito, cargo e salário justos terão mais chances de surgir à sua frente, naturalmente. Será o que você já conhece como causa e efeito; ação e reação; lei do retorno e assim por diante.

É preciso, antes de qualquer coisa, que o bom profissional esteja comprometido com o seu trabalho, e não deixe as coisas pela metade. Não pode achar que "de qualquer jeito" está bom. É necessário que tenha noção de duas coisas. Primeiro: que a maneira como você trabalha revela sua personalidade, seu perfil, suas características. E ninguém gostaria de ser avaliado como "mais ou menos". Segundo: que mais do que fazer para si mesmo, deve-se fazer pelos outros, para agradá-los, para felicitá-los, para realmente satisfazê-los. Isso faz o profissional ser reconhecido como dedicado. E quem é dedicado agrada.

Empreenda. Ser um empreendedor é muito mais que ter o desejo de obter um grande cargo profissional. É conhecer a montanha e o tamanho do desafio; planejar cada detalhe da subida, saber o que você precisa levar e quais ferramentas utilizar; encontrar a melhor trilha, estar comprometido com o resultado, ser persistente, preparar-se fisicamente; acreditar na própria capacidade para começar a escalada. Uma das características do empreendedorismo é a ação constante, visível inquietação na busca pelo melhor resultado e pela satisfação; conquistado um objetivo, deve-se ter em mente que tantos outros já surgiram para serem implementados.

O empreendedor é aquele que se relaciona com desafios e as tarefas em que acredita, com visão otimista, e que, em geral, pensa no coletivo. Por sua motivação, é capaz de se entusiasmar com suas ideias e projetos e, por isso, vibra a ponto de contagiar as pessoas ao redor. Acredita que sua realização depende de si mesmo e não de forças externas, sobre as quais não tem controle. Vê-se capaz de controlar a si mesmo e influenciar o meio para que possa atingir os seus objetivos.

Ele é realmente muito otimista, o que não se confunde com o tipo sonhador ou iludido. Acredita nas possibilidades surgidas, na solução dos problemas e no potencial de desenvolvimento de cada colega de trabalho. Em virtude dessa motivação, convicção, entusiasmo e crença nas possibilidades que tem, é capaz de persistir até que as coisas aconteçam e funcionem adequadamente.

O espírito empreendedor pode estar em qualquer atividade: no serviço público, no terceiro setor, nas atividades pessoais, nos relacionamentos familiares etc. Identifica-se o empreendedor pela sua forma de ser, não pela atividade que exerce. Ao buscar a realização do seu sonho, o indivíduo gera uma grande emoção. A emoção deve estar no comando: é ela que mobiliza todo o potencial da razão.

Ética. Este é um dos assuntos mais lembrados ao se falar em negócios, política e relacionamento humano, pois diz respeito ao posicionamento ético ou moral das pessoas. Ética profissional é a aplicação daquilo que é aceito de forma geral no campo das atividades profissionais. Em razão dela, a pessoa tem que estar impregnada de certos princípios ou valores próprios do ser humano para vivê-los em suas atividades de trabalho, gerando, com isso, uma harmonia social. A falta de ética gera desarmonia, conflitos. No mesmo diapasão, a ética empresarial é aplicada pelo conjunto de profissionais, que devem seguir uma ordem de conduta que permita a evolução harmônica do trabalho de todos, a partir da conduta de cada um frente ao coletivo.

A ética é uma ciência, um ramo da filosofia, e está no nosso cotidiano, de modo que não é possível ignorá-la ou esquecê-la. Há pequenas atitudes que revelam se um profissional preza pela ética no trabalho. Mexer nos papéis da mesa de um colega, ler por curiosidade um recado que foi deixado para ele, abrir suas gavetas sem autorização ou permissão, ler e-mails de terceiros, emitir uma opinião de modo diferente sobre o mesmo assunto só para que a sua seja mais apreciada são atitudes antiéticas. A ética é a ciência que trata do modo de agir dos seres humanos, da sua conduta.

É bem possível que, na empresa em que você esteja, já exista um código de ética. Procure conhecê-lo. Caso não exista, verifique se em empresas do mesmo ramo de atividade há algo semelhante. Se você tiver formação em curso de nível superior, haverá o código do profissional do órgão que representa sua classe. Isso já lhe dará um bom suporte. Nossa consciência, não raro, nos revela quando agimos sem ética. A fofoca no ambiente de trabalho é, talvez, a mais comum atitude antiética. Fundamentalmente, não faça aos outros o que não gostaria que fizessem a você. Isso é velho, mas ainda vale muito.

Gerencie seu trabalho. Sempre que tiver de fazer uma reunião de negócios ou tomar alguma decisão importante, habitue-se a fazer antes um ensaio. Assim, você faz uma apresentação dinâmica, com conteúdo, demonstra domínio do assunto, evitando que o encontro seja enfadonho. Além disso, é preciso conhecer bem o grupo de pessoas com o qual você trabalha, a fim de não ser pego de surpresa com alguma pergunta ou comentário, entrando inadvertidamente numa cilada.

Akio Morita, o criador da Sony, desenvolveu uma nova métrica (padrão de medida) dentro da empresa: "Bom gerente é aquele que revela mais talentos para a empresa". Esse novo conceito do que é um bom gerente pode não ter mudado a cabeça dos profissionais em questão, mas, sem dúvida, transformou suas atitudes em relação aos novos talentos. Para que esses novos talentos apareçam e, com isso, você se destaque como líder, é preciso saber delegar responsabilidades. Ao fazer isso, não fique cobrando seu subordinado como se ele tivesse seis anos de idade. Dê-lhe um prazo para realizar a tarefa e liberdade para criar suas próprias estratégias. Não espere que ele faça como você faria, pois é preciso respeitar o estilo, a característica e a visão de cada um.

Por outro lado, tome cuidado para não querer simplesmente fazer a linha do "chefe bonzinho". Isso pode levá-lo a rodear-se de ineptos e desidiosos que acabam por colocar em risco a imagem da empresa. Gerencie sua equipe como um investidor. Invista na empresa, no mercado e, principalmente, nas pessoas. Cada decisão tomada que envolva o seu grupo de trabalho — desde a escolha da equipe para um projeto até as formas de motivação — tem reflexo direto ou indireto na eficácia da empresa. Tome as decisões mais acertadas para solucionar qualquer assunto de relacionamento ou envolvimento com os funcionários; crie um ambiente que respeite as diferenças e necessidades de cada indivíduo. Isso, realmente, fará de você um bom gerente, admirado e respeitado por todos os funcionários, do primeiro ao último escalão.

Habitue-se ao novo. Desde a mais tenra infância, desenvolvemos hábitos, atitudes ou expressões que vão, lentamente, incorporando-se à nossa personalidade. As pessoas, as leituras, as opiniões, tudo à nossa volta nos influencia e contribui para a formação dos nossos hábitos.

Tais hábitos têm, portanto, uma força muito maior do que a maioria das pessoas percebe ou admite. Tanto os bons como os ruins revelam a nossa persona. No ambiente de trabalho não é diferente. Lá, mais ainda que em outros lugares em razão da rotina de trabalho, as pessoas desenvolvem hábitos quase sem perceber e não se dão conta de que, muitas vezes, alguns deles não são bons. Falar com o colega ao lado sem tirar os olhos do monitor do seu micro é um hábito que, longe de demonstrar concentração, pode ensejar que seu interlocutor esteja atrapalhando. Para mudar esse e outros maus hábitos é preciso começar um hábito novo.

Mudar, em geral, é algo difícil e requer esforço. Habitue-se a conversar com outros colegas, a preocupar-se com eles por outros motivos que não seja o trabalho. Habitue-se a ouvir e a não interromper. Habitue-se ao elogio, ao sorriso, à compreensão. Habitue-se a partilhar, a relevar. Não tenha tanta pressa em obter seus próprios resultados, habitue-se a não ser tão ansioso. Observe a si mesmo. Você saberá reconhecer quais são seus maus hábitos.

Já percebeu como toda vez que alguém diz alguma coisa com a qual você concorda você nunca diz: "Ei, concordo plenamente com você!"? Não? Na verdade, o que você faz é dizer: "Sabe o que acontece..." E aí você despeja todo o seu conhecimento intelectual sobre o assunto, só para mostrar que sabe mais. Isso nós aprendemos desde os tempos dos primeiros anos na escola em que a guerra do saber já se trava veladamente.

Como desabituar-se? Exercitando todos os dias. Habitue-se a prestar atenção em si mesmo, já dizia Sean Covey (americano, autor do livro *Os 7 hábitos das pessoas altamente eficazes*).

Incorpore a missão da empresa. Se a missão é fazer, interna e externamente, que seja vista de modo diferenciado, esse é um dos grandes desafios que se coloca a quem lidera os destinos de uma empresa. Você, como um bom profissional, sabe que a declaração de missão da empresa tem como cerne contribuir de uma forma positiva para os seus resultados. Ser um profissional de sucesso requer muitas habilidades e uma delas é, sem dúvida, a de executar fielmente a missão do empreendimento, seja ela qual for: qualidade total, satisfação das necessidades do cliente, superar as expectativas do cliente, não importa. Qualquer que seja a missão, você tem de estar pronto para transmitir, a colegas ou clientes, que esse objetivo é a razão de ser da empresa.

Incorporando "a missão", vivenciando esse encargo, passa-se a cooperar com sua estrutura de organização, com sua tecnologia, com suas definições estratégicas e com suas políticas. Todos os funcionários da companhia, dirigentes, administradores e operários é que tornam exequível a missão da empresa e o seu sucesso. Não se pode convencer ninguém quando, internamente, não se está convicto. A empresa tem uma missão? Você, então, tem de ser um missionário. Tem de saber na ponta da língua por quais motivos estão no mercado, qual o objetivo, o que pretendem junto ao cliente. Você tem de ser um devotado constante na divulgação da empresa e na defesa de seus interesses. Sem esse comprometimento, não é possível se tornar um profissional de sucesso.

Lembre-se de que influenciamos pessoas o tempo todo e o seu interesse pela missão da empresa despertará em seus colegas de trabalho, subordinados ou não, interesse semelhante e todos, em consequência disso, dedicarão o melhor de si para que a missão alcance de forma inexorável seu resultado. Se a missão da empresa não estiver integralmente implementada, a instituição poderá estar fadada ao fracasso, tamanho o grau de compromisso com os clientes.

Justifique seus argumentos. Eles são formas de organizar informações, com o objetivo de chegar a um determinado fim. Segundo Anthony Weston, autor do livro *A arte de argumentar*, há vários tipos de argumentos: dedutivos, por analogia, de autoridade, por meio de exemplos e causais. Para todos, existem regras que distinguem os bons dos maus. Por essa razão, a forma como o bom profissional organiza os argumentos pode ser fundamental para o sucesso em seu ambiente.

Assim, se você possuir argumentos com pesos diferentes, cuide de dispô-los em uma ordem apropriada para aumentar suas chances de obter êxito. Enfatize os pontos mais importantes, mesmo que sejam os negativos, se quiser afastar, de maneira eficaz, uma posição contrária ao que você está propondo. É importante fazer uma relação de todos os argumentos, classificando-os de forma crescente ou decrescente. Também é preciso mensurá-los de modo muito claro para você e, principalmente, para os outros, sempre partindo do ponto de vista da empresa. Não tente se impor pelo simples fato de possuir conhecimentos empíricos sobre o assunto.

A prática e as experiências são importantes, mas, para um bom argumento, é preciso também conhecimento técnico e seguro. Comece pelos argumentos mais interessantes até chegar ao derradeiro, sem banalizar aqueles primeiros para não torná-los sem importância. Tenha domínio sobre a matéria a ser tratada, assim todos se interessarão pelo que tem a dizer. A retórica é fundamental, mas a convicção, a certificação e a cátedra com que você argumenta são imprescindíveis para o convencimento de seus ouvintes. Ordenando assim sua argumentação, e dominando o assunto, você aumentará bastante suas possibilidades de êxito ao expor suas ideias e seu posicionamento.

Negociar, às vezes, é melhor. Já falamos aqui sobre ser intransigente e inflexível e do quanto essa postura atrapalha na ascensão do profissional e no progresso da empresa. Estar convicto de que sua forma de pensar é a mais acertada, ou de que seu plano ou estratégia é o que deve ser adotado é importante para demonstrar sua segurança e pode ser, de fato, resultado de um estudo bem fundamentado. É necessário, porém, estar aberto para negociar. Sua ideia, associada a outras, pode ser a mais vantajosa, tanto do ponto de vista econômico imediato como também dos benefícios que não envolvam apenas dinheiro, mas repercutam favoravelmente na empresa.

Ter em mente a possibilidade de transigir é sempre benéfico, e submeter sua proposta à aprovação de um grupo sem dúvida é mais atrativo do que simplesmente impor. É óbvio que há medidas que não podem nem devem ser discutidas, mas, na maioria das vezes, consegue-se muito mais com a negociação que está revestida de controle participativo, respeitabilidade, espírito democrático e liberdade de expressão. Longe de parecer fraqueza ou insegurança, a negociação busca conhecer o ponto de vista, o domínio da situação e o comprometimento da equipe. A negociação pode ser ou não exitosa, mas proveitosa será sempre, uma vez que demonstra abertura para discussões, propostas, sugestões e posicionamentos das pessoas. O profissional de sucesso tem de conhecer a sua equipe.

Se não souber negociar, de cara vai encontrar resistência das pessoas que não vão querer perder tempo ouvindo alguém autoritário e impositivo. Negociar é recurso não apenas possível, mas fundamental para alcançar objetivos difíceis ou para alterar uma medida imposta que não repercute bem e causa danos que podem comprometer o bom andamento da empresa ou do setor. É claro que há questões inegociáveis, como as que envolvem legalidade e moralidade. No mais, esteja aberto para transacionar.

Norteie sua carreira. Traçar objetivos como escolher a profissão, graduar-se nessa área e especializar-se nela em *stricto* ou *lato sensu* são condições que não garantem uma carreira promissora, mas ajudam muito a construí-la. Assim como tudo na vida, é preciso estar atento às mudanças, às oportunidades, às necessidades do mercado e, com isso, aproveitar o momento certo para extrair o maior proveito possível, encaixar-se em um cargo disponível, demonstrar qualificação, e pleitear um aumento de salário, ou mudar de emprego.

Definir bem o que pretende para a própria carreira profissional é fundamental para não ficar dando voltas indefinidamente ou estagnado na carreira cada vez que encontra uma dificuldade. Saber bem o que quer e aonde deseja chegar — com determinação, sim, mas não sem escrúpulos — ajuda a concretizar os planos. Quando se é profissional liberal, com seu próprio escritório ou consultório, talvez não se ambicione mais do que uma razoável carteira de clientes. Porém, o que diria de ter clientes especiais? Que podem pagar mais por seu trabalho especializado? Que tal ser condecorado por seu trabalho excepcional? O que você diria se sua empresa tivesse tanto dinheiro que pudesse desenvolver um magnífico trabalho de responsabilidade social e isso fosse destaque para que outras empresas seguissem o seu exemplo?

A carreira profissional de sucesso vai muito além do lucro. Ela envolve questões de valor familiar, social, individual e reflete diretamente em reconhecimento. O que é o sucesso profissional senão o reconhecimento coletivo? É por meio dele que se é mais bem remunerado, promovido, respeitado, indicado como referência, homenageado, disputado, aplaudido, copiado. Não basta saber aonde quer chegar. Você precisa definir o que vai fazer e como vai agir para alcançar o resultado que pretende.

Planejamento. O bom profissional costuma ter seu potencial reconhecido por várias características e uma delas é por planejar como dar conta de seu fluxo de trabalho diário, obter de seus colegas o retorno necessário para o efetivo andamento de seu expediente, cumprir seus prazos priorizando os assuntos mais urgentes etc. Para planejar bem sua carreira profissional, você precisa conhecer a área em que atua e os resultados que pretende alcançar. Para isso, é preciso estudar, aprofundar-se nas informações.

Mas o planejamento também serve para otimizar o seu tempo, assumir mais tarefas e alcançar resultados. Um bom planejamento vai requerer o diagnóstico real das demandas, de seus problemas, de suas metas e de seus objetivos, além do tempo necessário para sua execução e avaliação de sua eficiência. Por meio dele e da análise de seus resultados, é possível verificar se há necessidade de aumento ou diminuição do número de funcionários, das instalações e da jornada de trabalho.

Planejar vai permitir ao profissional conhecer bem a área em que atua, destacando-o de tantos outros funcionários que não estão atentos a essa importante ferramenta. Lembre-se de que esse plano de trabalho não pode ser estático, ele precisa ser flexível, dinâmico e alcançável. Se você estiver bem atento aos acontecimentos à sua volta, vai ser bem mais fácil ajustá-los às suas necessidades do presente e aos seus objetivos do futuro.

Planejar sempre faz de seus projetos um elástico que estica constantemente. Cada vez que você chega à ponta, estica mais um pouco com novo planejamento, novos objetivos e nova etapa a ser alcançada. Assim como o elástico, às vezes, é preciso recuar e recomeçar o planejamento. Por isso, a importância de não ser inflexível nas projeções. Lembre-se de que, no ambiente de trabalho, há outras pessoas com as quais temos de nos relacionar, e isso também altera o resultado do que planejamos.

Queira o melhor. É muito comum a maioria das pessoas justificar o resultado de suas tarefas do dia a dia dizendo que não ficou tão bom porque não tiveram muito tempo, porque as informações que tinham não eram suficientes, porque receberam o material em cima da hora, porque os dados recebidos estavam errados, porque, porque, porque...

Observe que quando um trabalho, uma tarefa, uma execução qualquer chega às nossas mãos, a responsabilidade passa a ser toda nossa. Então, se queremos que esse trabalho tenha destaque, é a nossa vez de buscar o melhor. Não apenas o melhor resultado, mas a melhor aparência, a formatação, a composição da equipe, o entendimento, a harmonia, a satisfação dos envolvidos, o consenso... enfim, se está em suas mãos é a oportunidade para deixar sua marca, sua imagem, sua característica.

Contentar-se com o "mais ou menos", "assim está bom", "vai assim mesmo", "não precisa caprichar muito" é o caminho do profissional medíocre que não se esforça para crescer em sua carreira. Lembre-se de que não é difícil destacar-se em uma equipe se sempre utilizar os valores morais e empenhar-se para fazer o melhor que pode. Você não gosta de receber o melhor? Não fica tocado quando percebe o quanto alguém se dedicou por você para entregar um trabalho ou qualquer outra coisa?

Você pode ter algumas limitações com relação aos elementos que tem em mãos, é verdade. Mas isso não justifica executar a tarefa de qualquer jeito. Aquilo que você faz recebe sua marca, sua característica, sua imagem e esse resultado reflete o que você é como profissional, suas potencialidades, suas aspirações, seus talentos, suas capacidades. Queira o melhor para si, mas também para toda a equipe. O melhor trabalho não objetiva o engrandecimento de uma só pessoa, mas do coletivo. Ser grandioso é pensar além de si mesmo.

Queixe-se o menos possível. É inacreditável o quanto as pessoas se queixam por tudo e por nada. Reclamam da família, do casamento, do trabalho, do professor, do vizinho, do salário do colega, da traição na amizade, das regras de convivência social, da fila do mercado, de tudo.

Outro dia, minha amiga Valéria Moreira publicou um post numa rede social sobre a importância de se colocar como objetivo de vida o aprimoramento pessoal no que diz respeito ao relacionamento com as pessoas. E isso é, realmente, essencial. Melhorar nossos hábitos promove contribuição nas relações familiares, sociais e profissionais e nos torna, de fato, mais felizes. Notadamente, no ambiente de trabalho, onde passamos a maior parte do tempo em contato direto com as pessoas, as queixas são constantes. Seja por conta das regras de trabalho consideradas rígidas demais, seja pela remuneração tida por incipiente com relação a nós, seja pelo entendimento de que faltam oportunidades para demonstrar nossa capacidade, enfim, inúmeras são as causas de lamentações em nosso círculo profissional. Não gostamos quando aquele colega começa a se lamentar, dizendo estar cansado de não ser reconhecido e valorizado. Também são comuns queixas de outros colegas sobre como todos estão agindo dessa forma e por aí vai.

Observemos se não estamos indo pelo mesmo caminho, tornando-nos uma personagem amarga, cuja companhia se faz pesada no ambiente. Ninguém gosta de ter por perto alguém que reclama o tempo todo. Parafraseando Valéria Moreira: "Melhorar como pessoa... não estou falando de fazer dieta, do cabelo ou de estudo, mas de ir deixando para trás os pequenos defeitos que não fazem bem". Queixar-se menos, parar de se fazer de vítima o tempo todo, fazer-se de fato protagonista da sua vida, ser positivo, otimista, alegre, leve e condutor de pequenas atitudes engrandecedoras o colocam na vida e no meio profissional como alguém com um potencial extraordinário de crescimento.

Realce as qualidades de seus colegas. Nossa vaidade, muitas vezes, nos impede de reconhecer o potencial das pessoas com as quais convivemos. De forma mais evidente isso acontece no ambiente de trabalho em que os melhores cargos e salários são tão disputados. O ciúme e a inveja são espinhos difíceis de lidar, mas, com sabedoria, é possível contornar situações delicadas e, ainda assim, encontrar pessoas com talento que devem ser claramente expostas, reveladas e elogiadas publicamente.

Se você, como profissional, gosta de ter seu trabalho em destaque, faça o mesmo, evitando críticas desnecessárias ou corrigir o que não é pertinente no momento. Enobrecer o que os outros fazem, por menor que seja a tarefa, é ato de grandeza, é sublime. Possivelmente, realçar as qualidades de alguém nos fará observar essa pessoa com mais cuidado, com mais atenção e, talvez, até percebamos, a partir daí, um profissional mais qualificado do que poderíamos supor. Muitas equipes se fortalecem quando reconhecem as potencialidades que cada um tem e procuram agregar a si mesmas um pouco da capacidade do outro.

O elogio às qualidades alheias é extremamente benéfico, ainda mais quando compartilhado com o coletivo. Isso estimula a autoconfiança, o poder criativo e a responsabilidade. O colega de trabalho passa a perceber que não está oculto, que as tarefas que desempenha são observadas e que tudo tem o seu grau de importância. O atendimento ao telefone não é menos importante que a elaboração de uma pauta de reunião. Cada qual, dentro da sua especificidade, terá seus resultados. Reconhecer e tornar público quando sua execução é feita de forma exemplar, dedicada e solícita é dever de um bom profissional e não apenas no final do ano ou quando alguém se aposenta. Reconheça sempre a colaboração de seus colegas, desde aqueles que lhe ensinaram algo na empresa até aqueles cujo contato foi apenas transitório. Vale a pena e faz bem.

Sirva. Trabalho não é castigo, mas sim honra e bênção. Se por um lado o trabalho nos tira da convivência familiar, por outro é por meio dele que alimentamos nossos filhos, temos acesso a lazer, educação, saúde e buscamos satisfação pessoal. Por meio do trabalho também nutrimos convivência com amigos especiais. Mas é nesse ambiente que temos, todos os dias, a oportunidade de servir.

Ter a visão de que estamos a serviço da coletividade por meio do nosso trabalho é de extrema importância. É indiferente se estamos no setor público ou privado. A questão é que, de algum modo, alguém precisa de nosso serviço, de nossa tarefa, e devemos ter a consciência de que é nesse atendimento, nesse servir, nesse doar-se, ainda que remunerado, que está a grandiosidade do nosso trabalho. Servir é estar sempre disponível. Servir é dar atenção, olhar nos olhos, ouvir. É responder de forma gentil, é convidar para sentar, é não ter pressa. É se mostrar solidário com os problemas do outro, é se mostrar interessado em resolvê-los. Servir não diminui o profissional do alto escalão. Ao contrário, revela o motivo de ele estar lá. O trabalho nos dá dinheiro e servir nos dá amigos, nos dá respeito, nos dá amor.

Quando você está a serviço do outro no seu trabalho, já sai de casa mais contente, mais estimulado, mais confortável. Quando se coloca a serviço, o dia passa e você nem vê, o trabalho não lhe pesa e as pequenas chateações são esquecidas ao final do dia. Servir é revelador de liderança, pois nenhum profissional de destaque permanece à frente de sua equipe se não priorizar o atendimento da necessidade do outro em sua mais ampla concepção. Nenhum líder o será por muito tempo se não compreender que servir é o primeiro e mais importante produto que qualquer empresa pode oferecer. Servir é, sobretudo, uma missão.

Treinamento constante. O bom profissional é aquele que busca aperfeiçoamento com habitualidade. Você está concluindo a sua graduação ou já a terminou e, cansado dos livros e dos cadernos, pensa em descansar por um tempo? Compreensível, porém, enquanto você descansa, outros estão carregando pedras. Apenas a graduação muitas vezes é insuficiente para o mercado de trabalho cada vez mais competitivo. Conhecimento nunca é demais, tudo o que se aprende é lucro. Não quer fazer mais nada na sua área? Vá para outra. Faça gestão de pessoas, programação neurolinguística, segurança no trabalho, idioma, redação, participe de *workshops*, enfim, expanda suas habilidades. Os cursos rápidos de qualificação na sua área são igualmente de suma relevância, porque o mantêm acompanhando as transformações do mercado. Os cursos de qualificação permitem que você cresça mais rápido na carreira, redirecione-se a novas áreas de interesse, conheça outras pessoas e seja reconhecido.

Também não adianta colecionar certificados de cursos e palestras se você não absorve a aprendizagem. A capacitação profissional é relevante para ampliar a sua visão de mundo. Observe os profissionais de sucesso e verá quanto conhecimento eles agregam. Dessa forma, o sucesso ou o fracasso na carreira dependem apenas de você mesmo.

Se você estiver bastante atento, perceberá, na empresa em que trabalha, que área está deficitária, ou ainda que área do mercado de trabalho necessita de um profissional como você. Não existe formação completa. Tudo depende de seus anseios, de seus planos, de quanto conhecimento você quer ter, e o que quer fazer com toda essa bagagem de capacitação. É por meio da capacitação, do treinamento constante, do conhecimento que as pessoas se transformam e passam a ser protagonistas na sociedade, colaborando para modificar positivamente o meio no qual estão inseridas.

Tramar contra alguém é ilícito. Muito cuidado com as intrigas no ambiente de trabalho e cuidado para não agir de forma traiçoeira para derrubar alguém ou para se beneficiar de alguma forma. É verdade que vemos muitas injustiças em nosso ambiente de trabalho, desde pessoas que não são devidamente valorizadas àquelas que ocupam posição e salário não merecidos. Vemos também alguns que não merecem ser punidos com rigor e outros que são maus exemplos por não terem a devida correção. E, por vivenciarmos tudo isso, pode passar pela nossa cabeça fazer justiça com as próprias mãos.

Se essa postura for aberta, declarada e exposta, não há nada a objetar. Porém, se as atitudes forem camufladas, sorrateiras e ardilosas, então estaremos diante de um profissional perigoso, vezeiro e trapaceiro. Os riscos de agir assim vão desde ter as tramoias descobertas e, por essa razão, perder totalmente a respeitabilidade no trabalho, até responder na Justiça por injúria, calúnia ou difamação, correndo o risco de ter de indenizar moralmente o colega e a empresa. Há atitudes que não valem a pena praticar e melhor seria nem pensar nelas. Afastar de nós qualquer ideia ou possibilidade de agir de alguma forma contra alguém é, certamente, o melhor caminho.

Ao tomarmos conhecimento de alguma atitude ilegal, injusta ou incorreta na empresa em que trabalhamos, temos o dever de levar ao conhecimento de nosso superior hierárquico e, se for o caso, às autoridades competentes. Se a pessoa que o pratica for justamente nosso superior, devemos deixar claro que não compactuamos com aquela postura e, se necessário, devemos inclusive nos desligar da empresa. O que não podemos é nos munirmos de posturas torpes para tentar resolver as coisas do nosso jeito. Quem age certo não faz nada escondido.

Utilize seus dons. Às vezes, pensamos que não temos muitos talentos, que somos incapazes para muitas coisas, pois, ao longo da vida, começamos e não terminamos uma série de cursos, projetos, tarefas e planos. De fato, somos limitados.

Começar um novo caminho, uma nova trilha e mudar de ideia não revelam necessariamente um fracasso. É muito comum acontecer de, no desenrolar das coisas, percebermos que aquilo não era o que imaginávamos, o que sonhávamos. Falamos há pouco sobre o treinamento contínuo, lembra-se? Pois bem. A qualificação habitual nos ajuda a descobrir e a potencializar nossos dons e, a partir dessa revelação, fica mais fácil que nos tornemos não somente profissionais atrativos, mas pessoas atrativas.

Quando permitimos que nossos dons aflorem, exteriorizem-se e sejam verdadeiramente conhecidos por nós, haverá um número incomensurável de pessoas que se beneficiarão, principalmente, se você usar esses dons não apenas para ganhar dinheiro, mas para, antes de tudo, colaborar com o crescimento do outro. Seus dons estão aí, e você sabe quais são. Talvez não muito claros ou não muito definidos. Há pessoas precisando do que você pode oferecer, da mão que você pode estender, da palavra que você tem para ofertar, do seu tempo, da sua compreensão. Você possui dons que podem transformar a sua vida e a vida de pessoas ao seu redor, seja da forma que for. Não deixe que esses talentos fiquem enterrados, adormecidos e feneçam.

Utilizar nossos dons nos faz bem e propagá-los em favor da sociedade, da justiça, do bem comum é uma dádiva. Todo e qualquer dom é uma bênção. Cozinhar, organizar, escrever, tocar, cantar, doar seu tempo, ouvir, falar, orientar, desenhar, pintar, calcular, liderar, orar, compreender, limpar, cuidar... tudo o que se faz com amor e dedicação é um dom, e se o fizermos pelo bem de alguém de forma desprendida, então, estaremos usando nossos talentos.

Valorize sua equipe. Independentemente de qual seja sua posição na empresa, no seu ambiente de trabalho ou nas suas relações sociais, do cargo que ocupe ou do poder hierárquico que exerça sobre as pessoas, é fundamental ter em mente que ninguém é menos inteligente ou menos importante porque não estudou, porque "fala errado", porque mora de aluguel, porque não se graduou.

Cada um, por mais simples que seja, tem seu valor pessoal e possui uma riqueza e um potencial únicos. Investir nessas potencialidades não raro revela novos profissionais íntegros, leais e comprometidos. Por outro lado, aquele profissional engajado, sempre disponível, dinâmico e competente também não deve ser explorado. Ou seja, remunerá-lo de maneira digna é moralmente correto, uma vez que o excesso de contrapartida sobre o funcionário que não recebe bem por sua produção acaba, não raro, por fazê-lo adoecer em razão de seu trabalho não reconhecido.

Todo estagiário precisa de treinamento para ser estagiário. O que isso quer dizer? Não basta ensiná-lo a fazer tarefas corriqueiras do expediente do setor, ele precisa ver a empresa de forma global, seja como instituição, seja como equipe. O estagiário faz parte da equipe, ainda que de modo transitório. Por mais que saiba que sua passagem pela empresa é de curta duração, ele tem de estar inserido como peça fundamental do todo, no seu comprometimento na empresa e vice-versa — porque a empresa tem o dever de estar comprometida com ele. O estágio não pode ser utilizado como fonte de exploração de mão de obra pouco remunerada, pois isso fere a lei e a moralidade. Estagiário não é mão de obra desqualificada. Feliz a empresa que investe na formação de seus estagiários e os encampa como equipe de trabalho. Feliz do estagiário que se coloca nessa condição de protagonista na empresa em que trabalha.

Volte atrás. Uma boa consciência de nossa inserção na sociedade pressupõe que vivamos constantemente refletindo sobre nós mesmos, reconstruindo o que somos, reavaliando nossas práticas. Então, temos em mente que é preciso mudar a cada dia, numa tentativa de gerar transformações positivas para nós mesmos e para a convivência em sociedade, fundamentadas nos valores que defendemos. Com isso, voltar atrás em relação a alguma fala, atitude ou posicionamento não é um erro, não é imaturidade, nem característica de quem não tem firmeza, mas sim uma mudança para melhor.

Retroceder quando ferimos alguém, fomos injustos, exageramos, tratamos com desdém, longe de ser motivo de humilhação, é ato de maturidade, de grandiosidade. Não é só o arrependimento que nos move a voltar atrás. Por vezes, novos argumentos ou acontecimentos motivam uma nova postura de nossa parte. Outras vezes, uma reflexão sem a influência do calor da situação que nos motivou a agir nos leva a rever nosso posicionamento. Como profissionais atentos, temos de estar abertos a retroceder quando necessário. Sermos inflexíveis, acreditando que voltar atrás seria um sinal de insegurança, é o que pode nos tornar fracos e nos levar à derrota.

Voltar atrás é ato de coragem e de sabedoria quando essa postura visa corrigir um mal, porque a atitude vem acompanhada de compaixão, de reconhecimento de uma injustiça, de amor. Mas é preciso tomar cuidado. Não se deve voltar atrás ao aplicar um castigo, uma repreenda, se alguém mereceu a punição. Se houver convicção de nossa posição, nem lágrimas, nem esperneios, nem esbravejos, nem falácias devem nos demover de nossa decisão. Temos de ser responsáveis pelas escolhas que fazemos e defendê-las com nossos argumentos, ainda mais se nos orientamos bem para tomá-las. Se assim o for, não há razão para retroceder.

Zele pelo patrimônio da empresa. Quando falamos do patrimônio de uma empresa, seja do setor público ou privado, estamos falando de seus bens, direitos e obrigações. Dentro dessas divisões, destacamos que o patrimônio pode ser material e imaterial, sendo que, às vezes, o patrimônio imaterial pode agregar o maior valor da empresa, como uma marca, por exemplo. Enfim, o potencial intelectual do *staff* da empresa compõe seu patrimônio e, independentemente de ser material ou imaterial, deve ser preservado, resguardado, protegido e, mais ainda, estimulado a crescer.

É interessante ressaltar que as obrigações também integram o patrimônio, e zelar para que sejam honradas é de suma importância para a manutenção da saúde empresarial. Se o patrimônio da empresa aumenta, é óbvio que haverá um aumento no capital total, mas não necessariamente significa que o patrimônio imaterial tenha crescido junto. Por patrimônio imaterial entende-se o quadro de pessoal. Se a empresa consegue que seus funcionários, sejam eles estagiários ou efetivos, se comportem como peça fundamental na engrenagem que a movimenta, há um crescimento no capital imaterial.

Zelar pelo patrimônio da empresa não é dever da diretoria apenas. Todos devem fazê-lo, inclusive sob pena de responder no âmbito civil ou criminal por eventuais danos causados, seja de modo intencional, seja por negligência. Estagiários são igualmente importantes na formação desse capital e a eles cabe, também, a responsabilidade pelo zelo do prédio, dos móveis, dos objetos do lugar em que trabalham, assim como pela manutenção da boa imagem da empresa fora de sua sede. Qualquer empresa que tenha em seu quadro de pessoal um profissional com esse perfil, essa postura e essa visão de preservação patrimonial saberá reconhecê-lo como alguém cuja carreira é, inquestionavelmente, promissora.

PARTE II

O QUE FAZER PARA CRESCER MAIS?

O QUE FAZER PARA
CRESCER MAIS?

Bondade. A ciência que estuda o significado das palavras define "bondade" como a qualidade correspondente a ser bom, ou seja, a qualidade de manifestar satisfatoriamente alguma perfeição, que se pode aplicar a pessoas, coisas e situações. Não obstante a habitualidade das pessoas em usar esse termo para designar uma virtude pessoal, quando aplicada a objetos e situações, pode se referir apenas à perfeição de algumas características do objeto ou da situação. Por exemplo: ao dizer que um vinho é bom, a bondade em questão se refere apenas às qualidades do buquê, da aparência e do sabor do vinho.

Analisando sob outro aspecto, bondade pode significar a intenção permanente de uma pessoa em não fazer o mal, em não fazer aquilo que prejudica ou se opõe ao bem. Esse tipo de bondade ainda pode se referir a um objeto ou a uma situação em que uma atitude não seja prejudicial, como, por exemplo, quando alguém esbarra em outro derrubando-lhe café e acaba por ouvir "não faz mal!". Neste sentido, tem por sinônimo a *benignidade*.

Mas o que se quer tratar aqui como comportamento necessário ao ambiente de trabalho e — por que não dizer? — parte do próprio caráter é a disposição permanente de uma pessoa em fazer o bem, que nesse sentido tem por sinônimo a *benevolência*. É esse bem que realmente importa. Uma boa pessoa caracteriza-se por uma atitude próxima, interessada, compassiva, participativa com todos os que a rodeiam.

Sentimentos e emoções são tão ou mais importantes que frios raciocínios que, não raro, só mantêm as pessoas distantes. Observe que é mais fácil reconhecer a bondade do que defini-la; e, de fato, o bem dispensa qualquer tradução. A bondade é irrecusável, é divina, e assim o é por exalar do coração. Preocupe-se com seus colegas, com a eventual tristeza deles. Você não vai resolver os problemas, mas vai ser o melhor ombro amigo que eles já viram.

Conheça-se como profissional e como pessoa. Mais do que se preocupar em conhecer os outros, é essencial conhecer-se. Passar a limpo sua personalidade, admitir seus limites, o que você não consegue fazer ou em que o outro tem mais habilidade que você são alguns dos exemplos de autorreflexão imprescindíveis para quem quer se relacionar bem. E não adianta justificar que você age assim ou assado porque seu colega o força a defender-se. O bom profissional é aquele que é seguro e tem consciência da sua capacidade, mas que nem por isso subjuga os outros. É o reconhecimento de suas características, de seu comportamento que estimulará o estabelecimento de confiança àqueles ao seu redor.

É atribuída a Sócrates uma frase poderosa, inscrita na entrada do Oráculo Delfos, dedicado a Apolo, e podemos utilizá-la como reflexão: "Conhece-te a ti mesmo". Desde então, a secular cultura ocidental tem considerado o autoconhecimento como a "joia da coroa do esforço humano". Era esta a mensagem que Sócrates passava às pessoas: ele dizia que elas deveriam sair da caverna, da escuridão que abarcava seus espíritos. Para alcançarem a luz, seria necessário, segundo ele, buscá-la dentro de si mesmas. Em vez de destinar seu tempo e sua energia tentando conhecer os outros, melhor seria compreendê-los. Assim, corre-se menos risco de rotulá-los, de deixar prevalecer uma opinião pessoal, injusta, que é normalmente cega e intransigente, pelo simples fato de que picuinhas e desentendimentos pessoais acabam por receber mais importância do que deveriam.

Esse cuidado, essa consciência, surge mais comumente com a maturidade, mas pode desde cedo ser exercitada por meio das mais irrelevantes atitudes. Pode-se, sim, ter uma visão mais detalhada do outro, sem jamais se omitir do dever moral de que a autoanálise é, e sempre será, mais benéfica tanto a si próprio como às outras pessoas.

> *"Conhece-te a ti mesmo."*
> Sócrates (470 a.C.-399 a.C)

Cative seus colegas de trabalho. Você já observou que há peregrinos que caminham, caminham e, no final de tudo, observam que só se cansaram? Há estradas que vão estar eternamente vazias, a menos que as pessoas que passarem por elas percebam que não estão sozinhas e que todos que se encontram na caminhada, apesar de acharem ter um motivo pessoal, estão lá pelo mesmo objetivo final. Então, a jornada não será mais solitária e cada passo terá novo sentido. Cada um será um estímulo para o outro e, ainda que fiquem em silêncio, conseguirão tocar mutuamente seus corações, pois estarão se importando uns com os outros.

Há pessoas que fazem da sua vida um deserto. Tornam-se ressequidas, mirradas, sem viço. E assim, áridas e despovoadas, suas vidas se resumem em amargura e constante irritação. Quando isso acontece, é preciso mudar o rumo. Aproximar-se das pessoas, olhá-las carinhosamente, fazer com que a paisagem seja colorida e cheia de esperança.

Um mero contato informal não é suficiente. É preciso propiciar que o invisível entre em nossa frágil e inconstante vida e a transforme. É preciso criar laços com as pessoas, ir aonde os olhos não podem ir. Transcender as próprias fraquezas e misérias, construir o próprio mundo sem tantos conflitos. Interessar-se pelos outros, por suas vidas felizes ou não, ricas ou pobres, intelectuais ou medíocres. É preciso cativar, independentemente de haver céu ou inferno. E esse laço de respeito e consideração resultará do esforço que tivermos dedicado às pessoas também no nosso ambiente de trabalho.

Dinamismo. Essa é uma teoria filosófica que defende que, na matéria, existem forças que a constituem. Essas forças dirigem o seu desenvolvimento. Algo que possui dinamismo é sinônimo de mudança constante, rapidez, energia e atividade. O perfil do profissional ideal, hoje, é aquele cujo comportamento dinâmico, inovador, criativo, crítico o transforma em pessoa consciente de suas responsabilidades, estando aberto para uma aprendizagem contínua, e que se permite agir em consonância com os processos de transformação pelos quais passa a sociedade em geral.

O mercado de trabalho está deixando de lado o profissional "empreiteiro" para dar lugar a um profissional dinâmico, pesquisador, e, principalmente, capaz de promover a interação harmoniosa entre suas funções, o ambiente de trabalho e os objetivos da empresa. Além de ser um profissional ativo, polivalente e atualizado, deve ter a habilidade de construir uma relação que transmita segurança, valorizando o potencial de cada colega, de cada subordinado. Isso o torna um profissional comprometido e identificado com o trabalho. O dinamismo do bom profissional estimula a motivação nos companheiros que, sensíveis e vulneráveis a um perfil diligente, agem em simultaneidade.

Vale ressaltar que ser dinâmico não é o mesmo que ser agressivo. A agressividade profissional, por vezes, pode ferir a ética, pois não raro atropelam-se os colegas de trabalho para se obter um bom resultado. Tratar um subordinado com indelicadeza, por exemplo, é agressividade. Exigir que um direito seja respeitado é bom, mas se você o faz de modo truculento, todo o restante vai por água abaixo. O profissional agressivo acaba por acumular inimizades, algumas explícitas e outras camufladas, talvez as mais perigosas. Ser amável, bom, generoso... eis o que realmente pode promovê-lo no trabalho. Não se trata de ser "banana", pusilânime. Você tem de ser assertivo, que é algo que se opõe tanto à agressividade como à passividade.

Dialogue. O funcionário, por vezes, adota uma postura intransigente, pertinaz, inflexível, por entender que posicionar-se sempre de forma taxativa é sinônimo de maturidade profissional. É extremamente importante tomar cuidado com isso. Longe de parecer alguém sem convicção, mudar de opinião durante um diálogo demonstra um estado completo de grandeza profissional, já que com frequência são argumentos substanciais, lógicos e robustos, expostos por alguém, que levam a uma mudança no entendimento preconcebido.

Assim, esteja aberto a opiniões divergentes, cuide para que, ao rejeitar alguma sugestão, não o faça de forma arrogante ou pretensiosa. É preciso que as pessoas o vejam como um mediador, um colaborador disposto a compartilhar conhecimentos e pontos de vista. E só há compartilhamento quando há diálogo, que é, por sua vez, formado pela conversa alternada dos participantes. Não se trata, portanto, nem só de ouvir nem só de falar. O diálogo respeitoso, amável e flexível, além de permitir bons resultados nas ações dos profissionais da empresa, se converterá na identificação natural de líderes voltados a reconhecer, em sua equipe de trabalho, aqueles componentes humanizados, conscientes de que suas atitudes expõem o nome da empresa.

Quando você se coloca aberto ao diálogo, algumas concepções errôneas a seu respeito, ou a respeito da empresa, já são banidas de pronto, sem que tenha sido necessário proferir nenhuma palavra. Agora, durante o diálogo, cuide para que você não corrija as pessoas, nem seja intolerante. Anote as sugestões, as críticas e dê um retorno aos participantes. Lembre-se de que o diálogo só terá bom resultado se dele forem extraídas decisões que melhorem as ações da empresa ou diminuam a insatisfação dos clientes externos e internos.

> *"Se não amo o mundo, se não amo a vida, se não amo os homens, não me é possível o diálogo."*
> Paulo Freire

Fale com amor. A palavra é um verdadeiro instrumento de comunicação, pois constrói amizades, compromissos, paz. É por meio dela que cantamos, falamos com as pessoas, com nosso cônjuge, com nossos familiares. Entretanto, como a própria Bíblia já diz, a palavra pode ser usada de forma inapropriada, fora de tempo, com raiva. Com isso, ao invés de construir, ela destrói, ao invés de fortalecer laços, ela separa e segrega, ao invés de aproximar as pessoas, ela as afasta. Portanto, é preciso ter verdadeiro cuidado ao falar para não fazê-lo impetuosamente, em excesso.

Saber o que falar e como falar é imprescindível para não haver a banalização das palavras. Quem ouve você aguarda e espera o melhor, não só do seu domínio sobre o assunto, como também da sua convicção e da sua amabilidade. As palavras têm o poder de influenciar as pessoas, tanto positiva como negativamente.

Tome o devido cuidado para não falar, ou responder, de maneira impulsiva. É normal que a primeira reação diante de algo que nos ofendeu ou nos magoou seja reagir imediatamente com palavras duras. É muito comum depois nos arrependermos por não termos permanecido calados. Por isso, não fale nada que não edifique. Não fale nada pelo impulso. Não fale nada quando estiver com raiva. Não fale nada de que você venha a se arrepender mais tarde. Fale na hora certa e no momento certo. E se não tiver nada a dizer, não diga nada. Seja comedido ao falar, fale com sabedoria e, se puder, pausadamente, olhando nos olhos de quem o ouve.

Se você fala pouco e com discrição, vão lhe procurar para ouvi-lo. Identifique se o momento é inoportuno para o que você pretende dizer e, se for necessário, espere um novo momento, melhore seus argumentos. Ah... sim. Argumento é tudo de que você precisa para convencer alguém; para fazê-lo "comprar" a sua ideia. Assim, fale com argumentos e argumente com amor.

Fomente a harmonia entre as pessoas. Deve-se, antes de tudo, lembrar que é preciso preservar a imagem da empresa. Qualquer discussão entre colegas pode ser minimizada se houver um mediador, capaz de acalmar os ânimos e, por que não dizer, de inverter a situação fazendo os "inimigos" reatarem uma amizade dada por perdida.

Estimular a troca de elogios entre os colegas, sorrir constantemente, oferecer um café, auxiliar num trabalho, reconhecer a capacidade e a perspicácia do grupo e do seu líder vale mais que galhos de arruda, fontes de água, baguás, cristais e sal grosso. Todos esses objetos são imensamente válidos, desde que acompanhados de uma conduta positiva, de espírito pacífico e harmonioso.

Tem gente que adora assistir a um barraco! Depois, age como advogado do diabo, encorajando as pessoas às escondidas, umas contra as outras. No ambiente de trabalho é comum um colega criticar o trabalho de outro na tentativa de demonstrar para o chefe que pode fazer melhor. Isso é antiético, feio, desumano. E tal atitude acaba por gerar a desarmonia entre o grupo. Cada um pode fazer notar seu potencial sem precisar diminuir o do outro. Lembre-se de que seu colega não é seu concorrente, e sim membro de sua equipe. Se você tiver essa visão, conseguirá desenvolver um sentimento harmônico e não haverá motivos para conflitos em seu ambiente de trabalho.

Cada pessoa no seu departamento é seu aliado, não só para que juntos promovam o desenvolvimento da empresa, mas também para estreitarem laços de amizade, convívio, bom relacionamento. Você tem o poder de influenciar as pessoas ao seu redor, seja positiva ou negativamente. Então, seja um pacificador, cultivando o hábito de incitar nas pessoas a serenidade e tenha certeza de que isso fará bem ao seu espírito e fará de você um profissional mais centrado, mais envolvido com os resultados da empresa, pois não haverá fatores de irritabilidade sugando sua energia no trabalho.

anhe confiança. A confiança é muito subjetiva, pois não pode ser medida. Administradores experientes valorizam os recursos humanos porque sabem que esse investimento é um dos mais importantes da empresa. Conhecendo seu *staff*, conseguem reconhecer o valor de gente leal e dedicada. E para contar com pessoal produtivo e leal, devem-se valorizar as pessoas e as relações de confiança. Cada relacionamento dentro da empresa deve receber investimento de tempo e atenção para manter alto o nível de confiança.

Alguns fatores contribuem diretamente para a construção de um relacionamento baseado em muita confiança. O primeiro é o caráter. O caráter (valores e integridade) tem aplicação universal. Todos querem trabalhar com e para pessoas honestas, confiáveis, respeitosas e justas. Pense no melhor chefe com quem você já trabalhou e escreva algumas qualidades que tenham contribuído para seu sucesso. Aspectos do caráter aparecem com frequência.

Outro fator é a competência. O significado de competência (habilidades e conhecimento adequados) varia muito de empresa para empresa e de pessoa para pessoa, mas, em geral, para seus clientes, é justo acreditar que você conheça a sua área de atuação e atenda a altos padrões de desempenho. Ou seja, os clientes esperam e desejam ser atendidos pelo melhor da empresa.

Mais um fator a ser abordado é a cooperação. Cooperação é, sem dúvida, a atitude de buscar soluções e resultados que sejam positivos para todos. É o comportamento que demonstra humildade, companheirismo. Ao ser aplicado às relações de trabalho, isso demonstra que o objetivo é o coletivo, o que é uma grande demonstração de confiança. A mentalidade do "O que eu vou ganhar com isso?" destrói a qualidade dos relacionamentos.

E, finalmente, a discrição. Ninguém se arrepende por ser discreto. Reservar-se a não fazer determinados comentários, agir com elegância, guardar sigilo sobre assuntos que, a pedido ou não, não devem ser revelados para evitar traumas ou conflitos desnecessários lhe colocará no pódio dos confiáveis.

Humor. "O bom humor e a presença de espírito vêm ganhando espaço no mundo dos negócios", como afirmou Ricardo Gonçalves, ex-presidente da Nestlé. "Profissionais que demonstram o bom humor mesmo em momentos mais críticos tendem a ser bem-sucedidos", segundo Giorgio Della Seta, ex-presidente da Pirelli. "Em nossas contratações, procuramos identificar profissionais de alto astral, maduros e responsáveis", declarou Francisco Amaury Olsen, ex-presidente da Tigre.

Como se vê, o bom humor está cada vez mais sendo reconhecido e valorizado como fundamental para todos os aspectos da vida, incluindo o profissional. Se você estimula um ambiente positivo à sua volta, com uma expressão serena no rosto; se não discute e tem simpatia pelos demais colegas, se tem boa relação com eles e com seu chefe; se está sempre sorrindo e se seus olhos exalam alegria, esteja certo: você tem um humor incrível.

Não é preciso que você tenha uma veia cômica. Não! Sua empresa não precisa de um comediante. Precisa de pessoas equilibradas, que respondam serenamente e tranquilas, que tenham gestos sutis e educados. O que causa segregação por parte dos colegas de trabalho é aquele funcionário azedo, para quem nada está bom, ninguém é bom, o dia não está bom, o café não está bom, ele não está bom. Claro que todos nós temos dias ruins, o que não se deve é passar do limite, deixar que o mau humor seja um hábito. Muito comum nas empresas é ver funcionários chegando com mau humor logo no início do expediente.

Acordar cedo, enfrentar os problemas da casa e da família ainda na hora do café da manhã, suportar o trânsito e trabalhar (como se o trabalho fosse castigo) são as causas principais do mau humor matutino que, em geral, desaparece ao longo do dia. Atualmente, a seleção de candidatos a vagas de emprego tem se baseado nas características positivas dos participantes. A novidade é que, além de iniciativa, facilidade de relacionamento, entre outras, hoje o que se procura no profissional é, também, o entusiasmo.

Importe-se com os outros. É um grande equívoco pensar que, para ser um profissional de sucesso, é preciso estar isento de envolvimento com os problemas das pessoas. Mostrar-se compassivo, atencioso, tocado pela condição do outro, seja ela física, material ou psicológica, é sentimento nobre, digno de um ser humano cujos valores são, certamente, voltados ao bem supremo.

Não se trata de ato de caridade, e sim de característica de comportamento. Essa qualidade é tão importante aos funcionários da empresa que dela adveio a responsabilidade social das instituições existentes no mercado. O interesse pelos outros, a solidariedade, a preocupação com o bem comum, são verdadeiras fontes de felicidade e fazem com que de forma livre, gratuita e responsável, haja comprometimento humano, de acordo com as suas aptidões e interesses, pelas pessoas ao seu redor. Assim, é possível desenvolver ações socialmente úteis nas relações de trabalho, exercitando a disposição natural do ser humano, que é ser generoso e bom.

Se a bondade é intrínseca ou não aos seres humanos, se todos nascemos ou não propensos à prática do bem, é irrelevante. A questão é: gostamos de ser amados, mas o quanto estamos dispostos a amar? No entanto, automaticamente, criamos uma autoproteção devido às constantes ameaças que sofremos pela degradação de algumas pessoas ao nosso redor. Mas isso não precisa ser assim. Quando pensamos em nos comportar de forma tão "ingênua" diante da sociedade, é bem possível que algumas decepções ocorram, tendo em vista que o grupo de pessoas desconhecidas é grande.

No entanto, no ambiente de trabalho, por maior que seja a empresa, o universo de pessoas é bem menor e, em geral, podemos nos arriscar mais por elas. Não se deve temer ser atencioso, dedicado aos outros. Um profissional sensível aos seus colegas demonstra grandeza de espírito e o faz, reconhecidamente, ser visto como virtuoso.

Julgue de forma imparcial. Para este item, vale aplicar alguns comportamentos já abordados aqui. Agir com bondade, sem ciúme do colega de trabalho, evitando subestimar o trabalho alheio, falando com amor, agindo com ética e ouvindo pacientemente o que o outro tem a expor, traça um bom caminho para um julgamento imparcial. É preciso evitar que um conceito já formado que carregamos conosco a respeito do outro profissional obstrua nosso pensamento, impedindo que valorizemos novas ideias.

É preciso deixar o egoísmo de lado. Isso não é fácil, mas é possível. Deve-se tomar cuidado com o julgamento, com a avaliação que você fará sobre seu colega, pois o certo e o errado podem tomar proporções perigosas, dependendo de como você os vê. Não controlar as emoções num julgamento precipitado e parcial pode resultar numa "Caixa de Pandora" com consequências desastrosas. O melhor é analisar cuidadosamente os fatos, sem pressa, sem rotulações. Isso não significa que você deva ficar sempre em cima do muro para evitar "tomar partido". Não é isso. Ser imparcial é analisar, julgar de forma justa, equilibrada, dentro de critérios razoáveis de compreensão. Ter a devida maturidade profissional para examinar detalhadamente cada situação e, assim, formar um juízo mais acertado à questão.

Procure obter informações sobre o assunto, com riqueza de detalhes, pois isso o ajudará a formar uma opinião com mais cautela. Mostrar-se ponderado, sem pressa de manifestar um julgamento a respeito de uma situação ou de uma pessoa, pode não garantir que você se equivoque, mas fará com que seus colegas de trabalho tenham por você admiração e respeito. Não tenha pressa, nem aja de forma a apenas agradar alguém. Atos e palavras parciais podem ferir a ética e a moralidade, valores imprescindíveis ao profissional de sucesso e moderno.

ute, mas não seja intransigente. A determinação e a obstinação devem fazer parte de seu caráter, mas cuide para que essas características sejam empregadas com inteligência em algo que valha realmente a pena, e não a qualquer custo. O profissional lutador compartilha suas ideias, seus resultados e sua postura diante das adversidades, e isso é o que o diferencia de um fracassado contumaz. Acredite em si mesmo e na sua capacidade de criar, executar e colher bons frutos encarando os desafios como boas oportunidades de revelar suas habilidades, aptidões e potencialidades.

O lutador é dinâmico, não esmorece diante da primeira dificuldade, o que o faz estar em evidência, jamais ficando despercebido. Essa postura guerreira gera, inevitavelmente, uma energia positiva, movendo as coisas e as pessoas sempre a favor do que pretende, com consequente êxito no final. A luta, ainda que não culmine na plena satisfação do objetivo, evita que o profissional se torne indulgente, apático, indiferente aos acontecimentos à sua volta.

Cada ser humano pode optar por ser mero espectador da vida, impassível e cabisbaixo, ou escolher ser o autor de uma história bem-sucedida. Nossa intervenção nos acontecimentos pode não redundar no que exatamente queremos, mas não é isso o que importa. Ter uma atitude proativa diante da vida sempre é o que torna alguém uma pessoa de sucesso. Observe que essas pessoas, antes de objetivar dinheiro, buscam fazer algo, realizar projetos que vão servir aos outros e também a si mesmas. Aí o retorno financeiro é consequência.

O profissional que deseja o sucesso não pode ser apático, inerte, conformado. Aquele que se sente vítima do sistema, com um discurso de que está na empresa há muitos anos e que, enquanto os outros sobem, nunca recebeu uma promoção, não experimentará o sabor da vitória. É preciso ter uma mente elevada, tanto em relação ao trabalho como em relação às pessoas.

Leia e informe-se. O profissional de sucesso é aquele que está sempre bem informado sobre os assuntos que mantêm funcionando a empresa em que trabalha. Isso independe do setor no qual esteja alocado para prestar serviços. O *chef* de cozinha de uma rede hoteleira, se bem informado sobre uma eventual fusão dessa rede com outra, pode planejar, antecipadamente, novos projetos, oferecendo serviços para a nova cadeia de hotéis.

A qualificação técnica é indubitavelmente necessária para uma boa colocação na empresa e um pressuposto fundamental para o desenvolvimento das funções, sejam elas de execução livre ou não — funções de execução livre são aquelas que permitem diferentes tomadas de decisão, enquanto as outras são executadas de modo mecânico ou com procedimentos previamente determinados. Contudo, tanto numa situação como na outra, o profissional deve expandir seus conhecimentos para não só dominar sua área de atuação, mas fazer com que seus superiores o vejam como profissional empreendedor.

Ler sobre assuntos diversos, que envolvam as mais diversas áreas da empresa — desde recursos humanos até investimento de capital —, permite ao funcionário ter uma percepção geral do empreendimento. O conhecimento é um bem incomensurável, que nos traz conforto quanto à possibilidade de sermos questionados ou que nos permite participar de uma reunião de trabalho sem estarmos alheios aos assuntos.

A informação auditiva oriunda do rádio ou da televisão é, sem dúvida, necessária. Porém, o conhecimento extraído dos textos escritos enriquece sobremaneira, uma vez que, antes de mais nada, a leitura parte de uma escolha consciente. Além disso, com ela, desenvolve-se o intelecto, treina-se a escrita, melhora--se o vocabulário, aprimora-se a comunicação. Leitura é hábito saudável e é também terapia. Enquanto se lê, o corpo acalma, relaxa, a alma viaja.

Modere seu linguajar. Passar muitas horas todos os dias com as mesmas pessoas, dividindo o mesmo espaço, o mesmo telefone, o mesmo ar-condicionado, enfim, tendo de dividir o uso de tudo coletivamente não é fácil. Cada um gosta de uma temperatura, da cadeira de um jeito, do cesto de lixo em um determinado lugar e, não raro, os problemas acontecem com discussões bobas, expressões emburradas, tratamentos hostis, palavras rudes. Isso tudo associado àquele mau humor do início da manhã que acaba com a paciência de qualquer um.

Reações incontroláveis tornam o ambiente de trabalho um barril de pólvora que de repente estoura. É possível mudar essa rotina insuportável por um local mais agradável para se trabalhar, mas, para isso, é preciso alguns cuidados. Um deles é com as palavras. Ser grosseiro e falar o que vem à cabeça são atitudes de quem não tem educação, e quem não tem educação nunca vai estar entre os melhores, nunca vai ter sucesso profissional, nunca vai alçar os melhores cargos.

Se, ainda assim, por um lapso, isso acontecer, não vai durar. O profissional de sucesso é aquele que chega feliz ao trabalho, bendizendo o dia, a empresa. Que diz bom dia, realmente desejando que seus amigos e colegas de trabalho tenham um dia produtivo, alegre, exitoso, compensador.

As palavras ruins ditas às pessoas fazem realmente a vida andar para trás, porque machucam quem as ouve e também quem as proferiu, porque fica aquele gosto amargo na boca e o sentimento de ausência de paz. Joga-se fora tempo precioso com linguagem rude, porque a qualificação mais importante do profissional de sucesso é a boa educação com as pessoas, sua forma de se relacionar, de relevar picuinhas, de dispensar vaidades bobas, de enxergar o todo, de promover a harmonia no ambiente. Moderar as palavras é virtude.

Reflita sobre sua maneira de agir e reagir. Tudo o que está abrangido nesse livro se resume, especificamente, neste tópico. A formação da característica de cada um, ou seja, o modo como age e reage, é que vai demonstrando seu caráter, sua moral, sua ética. Engana-se aquele que pensa que basta não roubar para ser considerado honesto pela sociedade.

A desonestidade vai muito além, posto que obter vantagens indevidas ou de forma desleal também deságua na mesma ilicitude, e já abordamos alguns aspectos aqui. O que talvez seja um grande desafio a todos nós é como reagir de maneira serena, comedida, isenta de vaidade, de raiva, em circunstâncias nas quais fomos diminuídos, provocados, agredidos, aviltados, criticados. Não é fácil para ninguém, mas, com um pouco de treinamento, fica menos difícil começar a dominar a si próprio. Para isso, é preciso ter domínio das próprias reações e não ter medo nem resistência de achar que vai fazer papel de bobo.

Muitos acham que reagir comedidamente é fazer papel de palhaço, ser capacho dos outros, e, a pretexto disso, batem de frente com as pessoas o tempo todo, porque, do contrário, estariam se comportando como pessoa sem pulso, sem personalidade. Nos dias de hoje, além do domínio técnico de sua área de atuação, o profissional de sucesso tem de desenvolver um bom relacionamento interpessoal. Não evitará cem por cento os conflitos, mas aqueles que forem inevitáveis (até porque não se pode impedir a ação dos outros) poderão ser contidos, mitigados, o que vai tornar o ambiente muito mais agradável.

É por meio da maneira de agir e reagir que conquistamos respeito e admiração, o que não quer dizer ter aprovação unânime, nem a amizade de todos. Porém, com um comportamento cordial, simpático, educado, é natural encontrar reciprocidade.

Ouça e respire. Quando alguém fala, os ruídos caminham pelo ar, são captados por nossos ouvidos e levados até nosso cérebro, que os identificam como palavras. Isso tudo acontece em milésimos de segundos e nem nos damos conta. Assim como esse caminho é feito tão rapidamente, temos por hábito também reagir instantaneamente quando nos é dito algo desagradável, e, não raro, respondemos de maneira defensiva, sem antes analisar muito bem o que vamos dizer.

Como já abordado em outro momento, reagimos movidos por nossa vaidade, nossas paixões, nossa raiva, nosso desagrado, nossa satisfação, nossa ambição, nossos medos — e esses sentimentos, quando não estão dominados, nos derrubam, nos arruínam, nos traem, nos envergonham, justamente porque não nos deixam refletir com cautela. A calma, a cautela, surge quando respiramos.

Na yoga se diz que, na respiração, temos dois caminhos para atingir o entendimento: o filosófico e o da existência de Deus. Ouvir e respirar nos permite conter os excessos de nossa mente para não exagerar com nossas reações, o que promove uma natural reflexão sobre o momento. A respiração tem por objetivo conter o estresse químico, evitando falas indevidas, inoportunas, inadequadas e das quais quase sempre nos arrependemos.

Deixar o outro falar apenas por cortesia, por formalidade, não é ouvir. Ouvir é ter interesse por aquilo que o outro tem a dizer. É importar-se com a outra opinião. É respeitar outro ponto de vista, outro entendimento. É ser humilde ao entender que o outro tem necessidades diferentes, talvez até de simplesmente discordar.

O profissional de sucesso tem de estar preparado para ouvir que o outro nos avalia de alguma forma não muito amável por nossa própria culpa. Ouvir é uma habilidade, uma virtude, que pode nos ajudar a entender melhor o outro. Quem ouve mais tem mais chance de criar estratégias, de se aproximar do outro, tem mais domínio da situação.

Ouvidos moucos. Considerando que mouco é sinônimo de surdo, usar da aparente surdez no ambiente de trabalho é mais do que um artifício... é uma virtude! Primeiro, é importante ressaltar que é extremamente deselegante demonstrar que você está prestando atenção na conversa de terceiros que não se dirigiram a você. Observe que, se o assunto não foi direcionado à sua pessoa, não cai bem você demonstrar interesse a menos que sua opinião seja solicitada.

O segundo ponto é que o comportamento de uma pessoa curiosa depõe contra a boa reputação desse profissional e afasta o nível de confiança que se pode depositar nele. A discrição é uma característica extremamente valiosa no ambiente de trabalho, não apenas para evitar falatórios inconvenientes, mas, sobretudo, para observar o quanto um comportamento prudente e moderado demonstra maturidade e *expertise* no emprego. Se o assunto não é com você, não olhe para quem está conversando, não demonstre interesse em ouvir o que está sendo dito. Mantenha uma postura neutra, continue sua tarefa.

Algumas vezes somos colocados à prova pelos superiores hierárquicos justamente para avaliar se estamos aptos a exercer uma função maior de confiança. Mostrar interesse na conversa de terceiros pode parecer que você é uma pessoa ardilosa que se mune de informações ou opiniões para usá-las quando lhe convier. Não soa bem.

Não basta ser confiável, é preciso comportar-se como tal. Você pode estar ouvindo, mas tenha uma atitude respeitosa de tal forma que as pessoas não se importarão de comentar qualquer assunto na sua frente. E não se trata apenas de fingir que não ouviu, mas também de isolar a sua atenção com relação à conversa dos outros. Ter uma postura isenta de interesses que não se coadunem com o perfil dos profissionais que aquela empresa almeja é um passo importante para colocar você em uma avaliação de progresso na carreira.

Pense grande, pense positivo. Quantas vezes ouvimos falar que tudo o que pensamos gera energia? Que é preciso ter cuidado com nossos pensamentos? Isso não é mera teoria. Tudo aquilo em que acreditamos leva a nos comportarmos desta ou daquela maneira e, por consequência, nossos caminhos e atitudes são decorrentes desse modo de vida.

Vamos exemplificar. Se uma pessoa está deitada para dormir, ouve um barulho na cozinha e acredita que há alguém lá, para se proteger ela não sai do quarto e ainda tranca a porta, não é isso? Muito bem. Isso, explicado de forma muito simplista, é uma crença. Essa crença a levou a se comportar de tal forma pois o objetivo era se proteger de um eventual invasor. Nossas crenças muitas vezes nos protegem daquilo que julgamos ser prejudicial à nossa vida, mas não raro nos freiam, nos tolhem e nos impedem de ir além e de realizar grandes feitos.

O medo de errar, de sentir-se envergonhado, de fracassar, de não ser reconhecido, cria justificativas para não expandir nossos planos, nossos desejos. Por isso, é tão importante treinar nossos pensamentos, expandi-los, torná-los positivos. Solte o freio de mão! Habitue-se a exercitar o pensamento positivo em seu ambiente profissional, a acreditar nas possibilidades, nas pessoas, nos novos projetos.

Pensar grande não significa, necessariamente, idealizar o impossível, mas, sim, mensurar o benefício imaterial que muitas vezes se esconde por trás de um produto ou de uma ação. Pensar grande, pensar positivo, vai além daquilo que o dinheiro pode comprar e alcança aquela necessidade mais profunda das pessoas, que é a satisfação pessoal.

Cada um tem sua própria necessidade para se sentir plenamente satisfeito. Quando você pensa grande e pensa positivo, esse é o ponto que atinge as pessoas. O seu ambiente profissional se renova automaticamente porque sua mente se expande de modo benéfico para você e para os outros ao seu redor.

Resiliência. Segundo definição da Wikipédia, resiliência é um conceito oriundo da física e se refere à propriedade de que são dotados alguns submateriais, a de acumular energia, quando exigidos ou submetidos a estresse sem ocorrer ruptura — como no exemplo de uma vara de salto em altura, que verga até certo limite sem se quebrar e, depois, retorna à forma original, dissipando a energia acumulada e lançando o atleta para o alto.

Pois bem. As adversidades pelas quais passamos são duras batalhas que alteram nosso humor e estado de espírito constantemente, e resistir a esse estresse, não permitindo que haja ruptura em nós, é uma grande virtude. A ruptura, neste caso, não é aquele momento em que ficamos tristes, com raiva, irritados, decepcionados. Não é isso. É perfeitamente normal termos esses sentimentos. A ruptura refere-se a desistir do jogo, da vida, de recomeçar.

Acreditar que seu destino e seu futuro estão a lhe sorrir mesmo diante das dificuldades é característica de pessoa resiliente. Alguns já nascem com esse dom, mas aquele que não o possui pode desenvolver essa habilidade, essa virtude. Assim, também no ambiente de trabalho o profissional que almeja reconhecimento e crescimento certamente despontará mais rapidamente se tiver como elemento pessoal a resiliência. É através dela que se estimula uma equipe a não desanimar diante das turbulências no trabalho.

A resiliência é algo tão importante que, acredite, não passa despercebida por ninguém, pois os que têm essa qualidade possuem alto poder de adaptação, são otimistas, buscam soluções em momentos difíceis, sabem se defender e tendem a enxergar tudo de forma mais simples, o que torna a vida muito mais leve. A resiliência mune de coragem aquele que acredita firmemente que um pequeno percalço, um grande problema e até um fato dramático podem ser encarados com o mesmo equilíbrio.

Sinceridade não é sinônimo de falta de educação. Muitas pessoas adotam com habitualidade atitudes de falar na cara o que pensam, doa a quem doer. Pois bem. A liberdade de expressão é uma garantia constitucional, razão pela qual todos nós podemos manifestar, livremente, nossas opiniões, podendo vir a responder na Justiça pelos excessos que cometermos.

No que concerne ao ambiente de trabalho, é importante destacar que a personalidade rude e grosseira vai atrapalhar, senão até impedir, o crescimento profissional na empresa. Já falamos aqui sobre ser amável, ponderado, gentil. A grosseria disfarçada de sinceridade vai na contramão do aprimoramento pessoal e sempre fere alguém. Nem sempre tudo o que pensamos deve ser exposto, revelado, dito. Manter um pouco de formalidade no relacionamento profissional é, de certa forma, um escudo protetor, e evitará constrangimentos e desentendimentos desnecessários por não termos sabido segurar a nossa boca.

Muitas vezes, essa característica de "Pronto, falei" não é em razão de aquela pessoa ter um gênio forte, mas tão somente por não saber lidar consigo mesma, não ter controle sobre seus pensamentos e palavras, não se importando com o impacto que tal atitude vai gerar em alguém. Quando formos nós que errarmos com uma atitude grosseira é nosso dever nos desculpar. Quando formos vítimas, temos de estar atentos para não entrar nesse jogo para não revidar e acabar numa discussão.

Ser sincero é ser autêntico, e o melhor a se fazer é falar o que for perguntado de forma a não ofender nem constranger ninguém, colaborando sempre de maneira positiva na vida do outro. Moderar nossa opinião ao falar não significa ser falso, fingido ou dissimulado. Ao contrário, mostra respeito, consideração e cuidado para com as pessoas. Nossa opinião e o que pensamos não estão acima da opinião dos outros, então, não temos de impô-los a ninguém. Cuidado também com as expressões faciais. Elas revelam muito sobre nossos sentimentos.

Uso de celular e redes sociais. Inegável reconhecer o quanto os *smartphones* e as redes sociais estão inseridos na vida das pessoas, especialmente de quem está no mercado de trabalho. O aparelho de celular e seus aplicativos, inclusive, são ferramentas que auxiliam e completam as tarefas do dia a dia. Já as redes sociais, na maioria das vezes, correspondem à parte de entretenimento, para manter contato com pessoas, ainda que de forma superficial.

O que pode trazer problema para o ambiente de trabalho são os excessos. Há aquele profissional que não consegue desenvolver suas tarefas por não desgrudar do aparelho e sequer se dá conta disso. Reservar um horário, ou um momento específico do dia, para olhar as mensagens ou, ainda, colocar seu telefone no silencioso, escolher um toque específico para alguém cuja mensagem é extremamente importante e que não pode ser respondida depois... enfim, são vários os cuidados que devemos buscar para evitar ao máximo que o trabalho seja preterido. Ser visto o tempo todo com o celular nas mãos durante seu horário de trabalho não vai lhe dar uma boa avaliação da equipe.

Outro excesso com o qual se deve ter cuidado é o relativo às postagens nas redes sociais. Tudo é observado e nada passa despercebido quando expomos nossas opiniões, posicionamentos, as ideias que defendemos, o que não toleramos, quando estamos a favor ou contra, quando queremos ostentar, criticar ou parecer vítimas. Tudo o que postamos é avaliado pelos outros, e não com o mesmo julgamento que temos de nós mesmos. Cada pessoa recebe um post à sua maneira e, em geral, com a opinião que já tem sobre nós. Por isso, é importante lembrar-se do que já falamos aqui sobre a garantia da liberdade de expressão, porém, com os riscos e as consequências oriundos dessa liberdade.

O XIS DA QUESTÃO

Pareceria assustador pensar que, para alcançar sucesso como profissional, todas as sugestões aqui apresentadas tivessem de ser colocadas em prática a todo momento. Ilusão. Seríamos hipócritas se disséssemos que conseguimos agir o tempo todo com sensatez, equilíbrio, justiça, bondade e coerência. Falhamos, erramos, cometemos equívocos, desanimamos.

O xis da questão é, primeiro, nos munirmos de bons valores, de ética, de moralidade, de honestidade. Se tivermos uma boa base de sustentação de conduta, isso certamente nos direcionará a práticas menos danosas a nós e aos outros. Uma vez formado nosso caráter com bons princípios, nossas atitudes sempre serão direcionadas a fazer o bem, a trabalhar bem, a querer o bem, tudo de forma comum, coletiva. Assim, fica mais fácil corrigirmos nossos erros, acertarmos nossa rota, direcionarmos nossos caminhos. Quando falharmos, nossa consciência vai nos avisar e nos orientar a reparar nosso erro.

Somos dotados de muita capacidade criativa e evolutiva. Somos os protagonistas de nosso destino, de nosso futuro, de nossa felicidade ou infelicidade. Decidir viver bem ou mal está unicamente em nossas mãos, e somente a nós compete escolher como queremos viver. Às vezes, algumas escolhas nos aprisionam, nos machucam, nos adoecem, nos tolhem, nos cegam, e, quando isso acontece, também somos responsáveis pelo sofrimento, pelo que passamos.

Todos merecemos de forma plena a alegria, o amor, o riso, o crescimento, a leveza, e essa plenitude só cabe a nós conquistar. Não está nas mãos de mais ninguém nossa felicidade. Cada um é responsável por como está sua vida hoje. Levante-se, defina o que você quer, como você quer, e perceba que ficar apenas justificando o fato de não estar vivendo uma felicidade plena hoje é mais uma pedra que você mesmo coloca em seu caminho. Não espere nem mais um dia para ser feliz!

INSPIRAÇÃO NA MÍDIA

Confira a seguir alguns filmes e livros inspiradores para refletir sobre determinação, coragem, superação, autoliderança, resiliência e gestão da carreira. Sejam histórias reais ou fictícias, elas nos auxiliam a refletir sobre como nossas atitudes podem alavancar nossa atuação profissional ou sabotar nossa empregabilidade.

- **Filmes**
    1. *Lincoln* (2012)
    2. *O resgate do soldado Ryan* (1998)
    3. *Sully: o herói do rio Hudson* (2016)
    4. *Tony Robbins: eu não sou seu guru* (2016)
    5. *O príncipe verde* (2014)
    6. *Senna: o brasileiro, o herói, o campeão* (2010)
    7. *Pacific Warriors* (2015)
    8. *Being AP* (2015)
    9. *Dunkirk* (2017)
    10. *Gladiador* (2000)
    11. *Capitão Phillips* (2013)
    12. *O homem que mudou o jogo* (2011)
    13. *A rede social* (2010)
    14. *Creed: nascido para lutar* (2015)
    15. *Gun Runners* (2015)
    16. *Manny* (2014)
    17. *O diabo veste Prada* (2006)
    18. *Trabalho interno* (2010)
    19. *Amor sem escalas* (2009)
    20. *O discurso do rei* (2010)

21. *O jogo da imitação* (2014)
22. *Invictus* (2009)
23. *Homens de honra* (2000)
24. *Duelo de titãs* (2000)
25. *À procura da felicidade* (2006)
26. *Sociedade dos poetas mortos* (1989)
27. *A onda* (2008)
28. *Intocáveis* (2011)
29. *À espera de um milagre* (1999)
30. *Menina de ouro* (2004)
31. *O mordomo da Casa Branca* (2013)
32. *Maldito Futebol Clube* (2009)
33. *Quem quer ser um milionário?* (2008)
34. *Um sonho possível* (2009)
35. *O homem mais procurado do mundo* (2012)
36. *A hora mais escura* (2012)
37. *Jerry Maguire: a grande virada* (1996)
38. *Coach Carter: treino para a vida* (2005)
39. *A corrente do bem* (2000)
40. *Jamaica abaixo de zero* (1993)
41. *Karatê Kid: a hora da verdade* (1984)
42. *O lobo de Wall Street* (2013)
43. *Obrigado por fumar* (2005)
44. *A grande aposta* (2015)
45. *From Business to Being* (2015)
46. *A última fortaleza* (2001)
47. *A fuga das galinhas* (2000)
48. *A dama de ferro* (2011)
49. *Selma: uma luta pela igualdade* (2014)
50. *Steve Jobs* (2015)
51. *Um senhor estagiário* (2015)
52. *Erin Brockovich: uma mulher de talento* (2000)
53. *O júri* (2003)
54. *Pegando fogo* (2015)
55. *Walt antes de Mickey* (2015)

56. *Whiplash: em busca da perfeição* (2014)
57. *Waffle Street* (2015)
58. *Gênio indomável* (1997)
59. *A grande escolha* (2014)
60. *Ali* (2001)

- **Livros**
  1. *Roube como um artista: 10 dicas sobre criatividade*, de Austin Kleon (Rocco, 2013)
  2. *O poder do hábito: por que fazemos o que fazemos na vida e nos negócios*, de Charles Duhigg (Objetiva, 2012)
  3. *Por que fazemos o que fazemos? Aflições vitais sobre trabalho, carreira e realização*, de Mario Sergio Cortella (Planeta, 2016)
  4. *Foco: a atenção e seu papel fundamental para o sucesso*, de Daniel Goleman (Objetiva, 2014)
  5. *Steve Jobs*, de Walter Isaacson (Companhia das Letras, 2011)

Esta obra foi composta em Utopia Std 10 pt e impressa em
papel Pólen Soft 80 g/m² pela gráfica Meta.